Stéphane ARNOULIN

L'ACTION CLÉRICALE EN FRANCE

Les Cavaignac

R. Devant l'Histoire

UNE FAMILLE SOUMISE AUX JÉSUITES

Ouvrage illustré d'une série de Portraits

« Si les maîtres du genre dans l'antiquité, depuis Hérodote jusqu'à Tacite, n'ont conçu le drame vivant de l'Histoire que sous la forme de récits mêlés de discours, même quand ces discours, tirés du fond du sujet, n'étaient que le produit de l'imagination des auteurs, pourquoi ne pas s'autoriser de leur exemple quand on trouve les discours comme les faits dans les documents publics et qu'en faisant parler les personnages on peut ne leur mettre dans la bouche que leurs propres paroles ?

H. WALLON. — *La Révolution du 31 mai et le Fédéralisme en 1793.* Préface. p. V.

5ᵉ MILLE   5ᵉ MILLE

PARIS

LIBRAIRIE DES DEUX-MONDES

49, RUE DE SEINE, 49

LES CAVAIGNAC

DEVANT L'HISTOIRE

DU MÊME AUTEUR

M. Edouard Drumont et les Jésuites (Librairie des Deux-Mondes).

L'Affaire La Roncière, *une Erreur judiciaire en 1835.* (Librairie Paul Ollendorff).

IMPRIMERIE CH. LÉPICE, MAISONS-LAFFITTE.

Stéphane ARNOULIN

L'ACTION CLÉRICALE EN FRANCE

Les Cavaignac

Devant l'Histoire

UNE FAMILLE SOUMISE AUX JÉSUITES

Ouvrage illustré d'une série de Portraits

> « Si les maîtres du genre dans l'antiquité, depuis Hérodote
> jusqu'à Tacite, n'ont conçu le drame vivant de l'Histoire
> que sous la forme de récits mêlés de discours, même quand
> ces discours, tirés du fond du sujet, n'étaient que le produit
> de l'imagination des auteurs, pourquoi ne pas s'autoriser de
> leur exemple quand on trouve les discours comme les faits
> dans les documents publics et qu'en faisant parler les per-
> sonnages on peut ne leur mettre dans la bouche que leurs
> propres paroles ?
>
> H. WALLON. — La Révolution du 31 mai et le Fédé-
> ralisme en 1793. Préface, p. V.

PARIS

LIBRAIRIE DES DEUX-MONDES

49, RUE DE SEINE, 49

A M. Emile Combes

PRÉSIDENT DU CONSEIL DES MINISTRES

A l'heure où je publie cette étude, qui porte sur plus d'un siècle et qui, faisant succéder l'histoire à la légende, démasque de faux républicains affiliés aux jésuites, révèle, par des exemples frappants et trop peu connus, de quelles ressources imprévues la Congrégation dispose contre les idées libérales et la démocratie, avec quelle prodigieuse habileté elle s'insinue au cœur même de la cité républicaine, à la façon de Tartuffe dans la maison d'Orgon, un homme d'Etat s'est enfin trouvé en France pour inspirer cette conviction au parti républicain qu'avant toutes les autres réformes démocratiques, et pour rendre celles-ci possibles et fructueuses, la lutte entre l'esprit clérical et l'esprit libéral, entre la Congrégation et la Révolution, doit être achevée de telle sorte qu'on n'ait plus à la reprendre, c'est-à dire par la laïcisation complète et définitive de l'éducation nationale.

En finir avec l'éternelle ennemie de la Révolution, c'était bien le premier devoir des gouvernants de notre démocratie ; nul ne l'a mieux compris que vous, monsieur le Président, nul n'a assumé cette tâche avec plus d'énergie.

Sans ignorer à quelles armes perfides recourraient vos adversaires, qui ne sont arrêtés par aucun scrupule, pour vous décourager, vous séparer de vos amis et enfin vous renverser, avant que vous eussiez pu les abattre eux-mêmes, vous avez fièrement engagé la bataille. Vous saviez que Tartuffe ne marche guère qu'accompagné de Basile, quand il ne joue pas, à lui seul, les deux personnages ; vous aviez prévu qu'on vous attaquerait dans votre honneur et dans l'honneur des vôtres, que l'on vous frapperait au cœur, et vous avez tout accepté.

En vérité, il faut plaindre ceux qui n'ont pas encore été frappés de la grandeur de ce courage civique.

C'est un « sectaire », s'en vont répétant de vous vos adversaires. Quant à l'Eglise, elle crie à la persécution. Ainsi l'adroit larron crie : AU VOLEUR ! pour donner le change à la foule.

L'Eglise, ce faisant, sait bien ce qu'elle fait. Si l'histoire est là qui dénonce, à presque toutes ses pages, l'intrusion de la papauté et du clergé dans le gouvernement de la France et rapporte la continuelle résistance à cette immixtion par tous les régimes, les plus despotiques comme les plus libéraux, elle compte sur une ignorance trop générale de l'histoire Elle se dit qu'elle peut mentir à l'aise.

Etait-il donc un sectaire ce grand cardinal de Richelieu, quand il obtenait du Parlement de Paris, en 1625, la condamnation formelle de la doctrine de l'Eglise sur les gouvernements des peuples, ainsi exposée dans le livre du jésuite Santarelli :

1º « Le pape a une puissance temporelle sur tous les princes ;

2º « Tous ceux qui gouvernent les Etats le font PAR UNE COMMISSION SPÉCIALE DE LUI, en sorte qu'il pourrait les gouverner immédiatement lui-même, s'il le jugeait à propos ;

3º « Le pape peut donner des curateurs aux princes, les punir, les déposer même, pour cause d'hérésie, d'incapacité, de négligence ou pour toute autre cause ;

4º « Il peut non seulement tout ce que peuvent les princes séculiers, MAIS IL A ENCORE LE DROIT DE DISPOSER DE LEURS ÉTATS POUR LES DISTRIBUER A D'AUTRES.

5º « Il est le serviteur des serviteurs de Dieu PAR HUMILITÉ ; mais il est en même temps LE SEIGNEUR DES SEIGNEURS PAR

PUISSANCE, ET, QUELQUE PUISSANCE QUE CE SOIT SOUS LE CIEL EST DÉPENDANTE DE LA SIENNE.

Etait-il donc un sectaire, Louis XIV, le roi très chrétien, quand il faisait voter par l'Assemblée générale du clergé de France, sous la présidence de Bossuet lui-même, ce « dictateur de l'épiscopat et de la doctrine », la fameuse déclaration de 1682, qu'il était jadis de règle d'enseigner dans les séminaires :

1° « Les papes n'ont pas le pouvoir de déposer les souverains, ni de délier les sujets du serment de fidélité; ils n'ont d'autorité que sur les choses spirituelles;

2° « L'Eglise, représentée par un concile œcuménique, est supérieure au pape;

3° « L'usage de la puissance apostolique doit être réglé par les canons; les anciens droits et privilèges de l'Eglise gallicane sont irrévocables;

4° « Les décisions de la papauté ne sont irréformables, infaillibles, si l'Eglise n'a pas déclaré ces décisions définitives. »

Sectaires aussi, sans doute, Louis XV et le Parlement, supprimant, en 1762, l'Ordre de Loyola, et n'autorisant ses membres à vivre en France qu'à la condition de se mettre « sous l'autorité spirituelle des ordinaires et de se conformer aux lois ! »

Sectaire encore, le pape Clément XIV, abolissant, le 21 juillet 1773, par le bref célèbre Dominus ac Redemptor, *la Société de Jésus dans toute la chrétienté; sectaire, Pie IX lui-même, chassant les Jésuites de Rome, en 1848 !*

Sectaire toujours, le roi de la Congrégation lui-même, Charles X, signant, en 1828, des ordonnances dirigées contre les congrégations non autorisées et notamment contre les Jésuites, et, à cause de cela, soulevant contre lui une tempête de colères des évêques ultramontains !

Quel étonnement pour ceux de vos adversaires, qui sont encore de bonne foi, s'il leur tombait sous les yeux ce rappel de la politique constante de la monarchie absolue à l'égard de l'Eglise, du pape et des congrégations ; s'ils apprenaient enfin que Combes « le nouveau Dioclétien », reste dans la pure tradition monarchique par l'attitude qu'il a prise à l'égard du clergé et de la papauté !

Mais vous vous tenez surtout, monsieur le Président, dans la vraie tradition républicaine. A ceux qui en douteraient encore, il suffirait de remettre sous les yeux, sans qu'il soit besoin d'autre exemple, l'admirable et si instructif discours de Challemel-Lacour, combattant au Sénat, le 19 juillet 1876, le projet de loi sur la liberté de l'enseignement supérieur. En réalité, ceux qui réclamaient cette liberté, entendaient surtout livrer l'enseignement supérieur à l'Eglise ; là était le danger. Et l'orateur n'eut pas de peine à montrer qu'il n'y avait pas de conciliation possible entre le libéralisme et l'esprit religieux. S'appuyant sur l'autorité du P. Martini, il rappela que l'Eglise prétendait au droit de diriger l'éducation de tous ceux qui lui appartenaient par le baptême et, d'autre part, que cette éducation ne serait jamais libérale. Aux protestations de M. de Gavardie et de M. Pâris, il répondait par la déclaration même de Pie IX : « JE CONDAMNE LE LIBÉRALISME CATHOLIQUE, JE LE CONDAMNERAIS MÊME CENT FOIS S'IL LE FALLAIT ».

Ce n'est certes pas ce grand esprit qui eût jamais partagé les illusions de certains républicains de nos jours et cru à une évolution possible de l'Eglise ; et, s'il eut assez vécu, il les eût fait réfléchir que « la condamnation des idées libérales se trouve partout dans les encycliques, dans le Concile, dans le Syllabus, dans tous les écrits venus de Rome ».

N'est ce donc pas la même pensée qui inspire votre politique, monsieur le Président ?

Pour vous rendre odieux aux libéraux comme aux catholiques, vos adversaires ont eu grand soin de vous présenter comme le persécuteur d'une religion. Ils ne pourraient citer aucun fait qui justifiât cette calomnie, mais ils savent qu'il n'est rien de tel, pour faire la conviction des naïfs et des sots, qu'une affirmation tranchante.

Et pourtant, vous avez éloquemment répondu à ce mensonge par cette déclaration de principes qui sont ceux des vrais républicains :

« Comme libres penseurs, disiez-vous, le jour de l'inauguration du monument de Renan, à Tréguier, nous refusons de nous courber sous un enseignement quelconque, de nous soumettre à un symbole, d'abriter derrière une croyance les doutes de notre raison. Mais nous n'affichons nullement la prétention d'imposer à autrui notre règle de conduite et notre méthode de raisonnement. A la différence du prêtre catholique, qui ne monte en chaire que pour jeter l'anathème à ceux qui pensent autrement que lui, nous n'ouvrons la bouche que pour réclamer, en faveur de tout le monde, la libre recherche et le libre examen. Ce n'est pas à la religion que nous nous attaquons, c'est à ses ministres qui veulent en faire un instrument de domination. La religion, en tant que sentiment intime du cœur de l'homme, échappe à notre prise, comme les autres sentiments. En tant que système de croyances, elle a droit à la liberté qu'aucun de nous ne songe à lui dénier. Son domaine est la conscience. Nous serions les premiers à le défendre si, par un acte législatif ou par une mesure administrative, qui que ce fût tentait de s'y introduire de force ou de s'y comporter en maître. Tout ce que nous demandons à la religion, parce que nous avons le droit de le lui demander, c'est de s'enfermer dans ses temples, de se limiter à l'instruction de ses fidèles et de se garder de toute immixtion dans le domaine civil et politique. »

Voilà qui est pourtant parler assez net et comme il convient à un esprit libéral, ennemi de toute tyrannie, respectueux de toutes les libertés, à commencer par la liberté de l'erreur, mais qui ne veut pas être dupe et qui estime justement que la tolérance n'est due qu'aux tolérants.

Et c'est aussi pourquoi le « Bloc » républicain a mis sa confiance en vous : Il sait que c'est au nom de la liberté contre l'intolérance catholique que vous poursuivez à l'égard de l'Eglise et de la Congrégation un programme politique qui ne sera achevé que le jour où vous les aurez mises dans l'impuissance de nuire.

A ceux qui raillent encore votre « campagne laïque », cette histoire d'une famille qui a compté parmi ses membres un des principaux Montagnards de la Convention, puis le chef du Pouvoir exécutif en 1848 et enfin, aujourd'hui, le chef du parti nationaliste, trois prétendus républicains que la Congrégation a su s'affilier, cette histoire, faite de documents incontestables, dessillera peut-être enfin les yeux, dévoilera enfin le danger incessant qui plane sur la République, tant que la Congrégation n'est pas annihilée, dira enfin que votre politique si bien arrêtée et qui ne connaît point de défaillance, est le salut de la démocratie.

Stéphane ARNOULIN.

PRÉFACE

Tout le monde connaît le système des portraits composites : après que l'on a fait passer devant l'objectif d'un appareil photographique les portraits de dix femmes très belles ou encore les images de dix meurtriers, on obtient, dans le premier cas, une Vénus telle que les poètes et les artistes n'en ont jamais rêvé de plus idéalement belle et, dans le second, un type parfait d'assassin.

Eh bien, il n'est pas rare que la nature nous offre au moral des composés analogues. Observez, en effet, avec soin, les caractères des ascendants de tel ou tel personnage en vue, vous serez surpris de trouver en cet homme un mélange parfois heureux, mais disparate aussi, assez souvent, des vertus et des défauts de ses aïeux. Il se peut donc qu'un individu, qui présente ce genre de physionomie, soit un esprit remarquable, mais qu'il soit aussi à peine quelqu'un, c'est-à-dire une volonté se dirigeant par elle-même, un esprit pensant par lui-même.

C'est sur de telles observations que s'est fondée la théorie philosophique de l'hérédité.

Voulez-vous un exemple intéressant de personnage composite? N'allons pas chercher trop loin. Parlons d'un homme bien connu, M. Godefroy Cavaignac, dont les ascendants depuis un siècle ont occupé presque constamment la scène de l'Histoire. Il ne saurait nous en vouloir de le choisir pour notre démonstration, car dans sa famille on ne fait pas fi de ses ancêtres, on s'en fait gloire plutôt. Et non sans raison, car que serait aujourd'hui M. Godefroy Cavaignac s'il ne s'appelait pas Cavaignac ?

Il ne s'est sans doute jamais, dans sa modestie, posé cette question ; peut-être aussi aimerait-il qu'on ne la posât pas et surtout qu'on n'y répondît point.

Il s'est fait élire député, à vingt-neuf ans, dans la Sarthe, où son père, le général Cavaignac, a vécu les dernières années de sa vie. Son existence à lui-même n'avait jusqu'alors rien donné qui annonçât nécessairement de glorieuses destinées, ni qui expliquât, pour le présent, cette distinction de ses concitoyens. Il était « fils à papa », c'est déjà quelque chose, sans doute, mais c'était alors à peu près tout ce dont il pût se vanter.

Il a fait son chemin depuis ; l'admirable ignorance de l'Histoire où sont la plupart de nos hommes politiques l'a servi au delà de toute espérance. On rappelait de temps à autre qu'il était le fils du grand républicain qui avait sauvé l'ORDRE et la SOCIÉTÉ en 1848, et l'on ne disait pas par quels moyens son père avait obtenu ce beau résultat ; on ajoutait qu'il était le neveu de Godefroy Cavaignac, l'homme des conspirations républicaines sous la Monarchie de Juillet ; qu'il était le petit-fils du conventionnel J.-B. Cavaignac, et l'on oubliait de rappeler les hauts faits de cet aïeul. Bref, notre Cavaignac, à force de s'appeler Cavaignac, représente, de nos jours, aux yeux de quelques communards attardés, le conventionnel capable, à l'exemple de son grand-père, de gouverner par la terreur ; pour certains démocrates plutôt candides, le républicain austère qu'était son oncle Godefroy Cavaignac et, enfin, dans l'esprit des petits-fils des émigrés, d'une certaine bourgeoisie que le *spectre rouge* vient périodiquement épouvanter, des Jésuites et de tous les moines politiciens, le dictateur possible, image vivante du dictateur de 1848, prêt à imposer par la force ses opinions personnelles à qui ne les partageait point jusque-là et, comme c'est peut-être trop difficile à obliger au silence par le même moyen ses contradicteurs, ce qui est assurément la plus sûre manière d'avoir raison.

Ah! il n'y a pas que nous seuls qui avons vu en M. Godefroy Cavaignac un esprit composite!

Mais voyez quel avantage il y a à ne pas être que soi-même, à rassembler tant de personnages en un seul! M. Cavaignac a su plaire tour à tour aux partis les plus opposés; il a été l'espérance du Centre gauche dans ses premières années parlementaires; il a su se faire bienvenir plus tard du parti radical qui le fit monter au pouvoir, et aujourd'hui il est l'idole des césariens, boulangistes d'hier, nationalistes d'aujourd'hui, voire et surtout des cléricaux.

Il y a eu, il est vrai, quelques esprits grincheux qui ont osé déclarer qu'ils ne partageaient pas cette admiration; c'est qu'ils avaient leurs raisons; ils avaient étudié l'histoire d'un peu près et, à mesure que se poursuivait la carrière politique de M. Godefroy Cavaignac, ils se sont inquiétés de retrouver dans ce personnage tant de personnalités diverses, dont la meilleure était celle d'un esprit élevé, sans doute et enthousiaste, mais mal pondéré, et, de plus, fort mauvais politique. Puis, la vue de certain entourage a éveillé des méfiances; car, si l'on sait fort bien que les Jésuites et leurs partisans ne perdront jamais leur temps à des courbettes devant un Waldeck-Rousseau, un Combes ou un Brisson, parce que ces hommes d'Etat sont des irréductibles et que la guerre qu'ils ont déclarée à la Congrégation sera sans doute plus ou moins rude, plus ou moins active, mais reste sans merci et ne doit cesser que par la victoire définitive, on s'est, d'autre part, étonné que royalistes ou césariens se soient trouvés d'accord avec tout le parti clérical pour encenser, dans certaines occasions, cet étonnant républicain qu'est M. Godefroy Cavaignac.

On s'est douté de quelque chose : puisqu'il y a tant de sympathie réciproque entre les cléricaux de la Droite et le député de la Gauche, dont le nom sonne aux oreilles des

badauds comme celui d'on ne sait quelle aristocratie républicaine, ne serait-ce pas, par hasard, qu'il y aurait entre
ces braves gens des affinités profondes dont l'origine n'est
peut-être pas si cachée !

Les Jésuites, qui ne cessent, depuis plus d'un siècle, de
mener la bataille contre la Révolution, tantôt ouvertement
comme sous la Restauration, tantôt sournoisement comme
sous la Monarchie de Juillet et sous les deux dernières
Républiques, auraient-ils donc été assez habiles pour s'affilier les Cavaignac ?

Cela paraît bien être la vérité. Mais les preuves, les
preuves indéniables, les preuves qui s'appuient sur des
documents qu'on ne puisse récuser, qui les apportera ?

— Ce livre, nous l'espérons.

S. A.

LES CAVAIGNAC

DEVANT L'HISTOIRE

UNE FAMILLE SOUMISE AUX JÉSUITES

CHAPITRE PREMIER

Une race de beaux parleurs. — Un Cavaignac soldat sous Henri de Navarre. — Vers le milieu du xviiie siècle, un Cavaignac, natif de Montbazens, vient s'établir à Gourdon. — Ses projets de réformes sociales, politiques et militaires. — C'est un disciple de Rousseau. — Il devient maire de Gourdon. — Son autobiographie. — Comment il brûla la politesse aux Gourdonnais.

> « *Mes belles phrases, mes belles phrases ! Apprenez, monsieur, que je n'en ai jamais fait une de ma vie !* »
>
> VOLTAIRE.

Si les Cavaignac paraissent, au premier abord, se distinguer les uns des autres par des aptitudes, des goûts, des tempéraments dissemblables, un signe pourtant leur est déjà commun à tous et qui est très apparent : hommes politiques ou soldats, ils se seront toujours montrés de grands, de beaux parleurs. De là, pour la plupart d'entre eux à devenir des discuteurs, des ergoteurs, il n'y avait qu'un pas à franchir qu'ils ont, en effet, bien vite franchi.

Les premiers de la famille qui occupent une certaine place dans l'histoire de notre pays sont du reste des hommes de loi, et l'on sait que les études juridiques, si elles conviennent à qui est déjà prédisposé à l'esprit de chicane, développent encore rapidement cette tendance. Il est nécessaire qu'un juriste soit doublé d'un philosophe d'entendement large et de haute moralité pour qu'il échappe à ce travers.

Ces réflexions s'imposeront sans doute d'elles-mêmes au lecteur, à mesure qu'il avancera dans cette étude d'une histoire d'un siècle ; mais il n'était pas indifférent qu'il fût averti à l'avance de cette particularité remarquable qui se retrouve chez tous les membres de la famille Cavaignac et rend explicables des faits singuliers de leur conduite politique.

** **

'Les premières origines connues de la famille Cavaignac remonteraient au xvie siècle, s'il faut en croire une note d'un livre, paru en 1900 sous ce titre : *Les deux généraux Cavaignac* (1), sans nom d'auteur, mais dont l'information, qui paraît due au député actuel de Saint-Calais, est généralement très exacte : un Bertrand Cavaignac aurait servi avec distinction sous Henri, roi de Navarre, et aurait même reçu de lui, en 1580, un témoignage public de sa satisfaction.

Puis il faut arriver jusqu'au milieu du xviiie siècle pour que le nom de Cavaignac émerge à nouveau de l'obscurité : un Cavaignac, natif de Montbazens, bourg actuel de l'Aveyron, vint s'établir dans le Haut-Quercy, à Gourdon, maintenant sous-préfecture du Lot. Il épousa une jeune fille de Peyrac, bourg voisin de Gourdon, Mademoiselle de Condamine, dont il eut seize enfants. La plupart moururent en bas-âge ; l'aîné de tous fut le conventionnel J.-B. Cavaignac, le plus jeune, le général Jacques-Marie Cavaignac.

Cependant, ce Cavaignac de Montbazens, qui était homme de basoche, se fit bien considérer tout d'abord par une bonne partie des habitants de Gourdon, si bien que, lorsque le temps fut arrivé de procéder à l'élection des députés aux Etats-Généraux de 1789, ils pensèrent à le nommer électeur, mais il déclina cet honneur.

Il ne faudrait pas inférer de ce fait qu'il se désintéressât de ce grand mouvement d'idées qui allait aboutir à la Révolution : loin de là, il rédigea plusieurs mémoires où il proposait lui-même des réformes et les adressa au Gouvernement de Louis XVI ; l'un de ces mémoires réclamait l'abolition de la peine de mort, immorale en elle-même, suivant son auteur et, de plus, inefficace pour la répression des crimes ; un autre avait trait à la réforme des tribunaux ; un troisième indiquait un moyen de faire disparaître la mendicité : tout mendiant

____

(1) Chez l'éditeur militaire, H. Charles-Lavauzelle. Voir à la page 7 de cet ouvrage.

serait tenu de porter une médaille qui constaterait son état. Cette médaille ne pourrait être qu'une marque de honte pour les individus paresseux et valides qui se font une profession de la mendicité; partant, elle deviendrait pour eux un stimulant d'énergie.

Voilà **qui** paraît bien dénoter une âme simple et encline aux illusions.

Un quatrième mémoire concernait l'organisation de l'armée : chacune des communes du territoire devait fournir tant de soldats, proportionnellement à sa population. Puis notre réformateur, qui avait imaginé un service de trois ans, demandait que l'effectif fût ainsi réparti : tandis qu'un tiers de l'armée tiendrait garnison aux frontières, un autre tiers s'exercerait à l'intérieur; le dernier tiers serait réservé à l'agriculture. Un roulement annuel devait faire passer alternativement chaque soldat par les trois phases du service.

Lors de la grande levée de 300.000 hommes, décrétée par la Convention, le 27 février 1793, ce fut notre Cavaignac qui fut choisi par le département pour veiller à l'exécution du décret dans le district de Gourdon. Plus tard, la municipalité de la petite ville ayant été suspendue, ce fut encore à Cavaignac que le département confia les fonctions de maire.

Cependant, quoiqu'il se fût toujours abstenu des procédés violents et vexatoires dont ne se faisaient pas faute, en ces temps si troublés, toute une foule de petits tyranneaux de province, il n'arriva pas à empêcher, par sa constante modération, qu'il ne s'élevât contre lui, dans sa ville, des animosités dont il faut peut-être chercher la cause dans l'épouvante qu'inspirait aux Gourdonnais le seul nom de son fils, le conventionnel J. B. Cavaignac, un terroriste de marque, comme nous l'allons bientôt voir.

A la fin, exaspéré d'une attitude de ses administrés qui, à ses yeux, témoignait de leur part la plus noire ingratitude, le maire de Gourdon décida un beau jour de leur brûler la politesse : il partit sans rien dire, se retira à Brive où il devait achever son existence, continuant jusqu'à la fin sa profession d'homme de loi, mais à tout jamais éloigné des embarras de la politique.

Il est resté de lui une courte autobiographie intitulée : *Mémoire contenant la vie de Cavaignac père pendant la Révolution*. Après avoir mis ses lecteurs au courant des mauvais procédés dont il eut à se plaindre de ses adversaires politiques dans la ville dont il fut maire, il se lance dans une diatribe contre les Gourdonnais qu'il enveloppe tous dans le même mépris.

De tout cela, écrit-il, je m'en moque, comme de mes vieilles pantoufles, pourvu que je ne voie ni Gourdon, ni Gourdonnais. Ce sont des hommes, en général, sans mœurs, sans probité et sans caractère. Ils sont tous parents de cent côtés et cette parenté universelle leur tient lieu de sentiment, parce qu'ils se passent tout en leur qualité de parents. Mais moi, qui ne le suis pas, je n'ai dû leur passer que ce qui convient à un homme sage, humain et bienfaisant, et je ne dois plus leur passer l'ingratitude et l'atrocité dont ils sont coupables. Voilà pourquoi j'abandonne pour toujours ce séjour trop triste et trop dangereux à l'homme de bien.

On sent assez dans cette rédaction déclamatoire l'homme qui a fait de Jean-Jacques une lecture passionnée et ne l'a pas trop bien digérée, et ce n'est pas l'esprit d'utopie, si visible dans ses Mémoires, adressés au gouvernement de Louis XVI, qui viendrait infirmer en nous cette opinion que c'est chez l'auteur du *Contrat social* que le maire de Gourdon allait puiser ses inspirations.

Mais, du moins, à l'exemple de son maître, s'il était, à certains égards, un misanthrope, il se montrait, d'une façon générale, un philanthrope ; il ne se croyait tenu par aucune obligation de faire, en dépit d'eux-mêmes, le bonheur de ses contemporains, encore moins de leur imposer ses opinions personnelles. Et c'est ce qui le distingue essentiellement de ses descendants.

J.-B. CAVAIGNAC

CHAPITRE II

Jean-Baptiste Cavaignac. — Avocat, puis administrateur de la Haute-Garonne, il est élu député à la Convention. — La prise de Verdun. — Le rapport de J.-B. Cavaignac. — L'épisode des « Vierges de Verdun ». — Emphase et sincérité. — Le vote de J.-B. Cavaignac au jugement de Louis XVI. — Conséquences de la condamnation à mort du roi : coalition européenne contre la France ; guerre civile à l'intérieur. — Energie des conventionnels en présence de ces immenses dangers. — Le Comité de Salut public. — Les représentants du peuple en mission. — J.-B. Cavaignac est un des premiers choisis.

> « *Le vrai moyen d'honorer la Révolution est de la continuer, en portant une âme libre dans son histoire.* »
> EDGAR QUINET, *Critique de la Révolution.*

C'est avec Jean-Baptiste Cavaignac que le nom de cette famille va enfin sortir de la demi-obscurité d'une vague notoriété de petite ville pour entrer dans la vive et pleine lumière de l'histoire nationale.

L'aîné des fils du maire de Gourdon naquit dans cette ville en 1762. Au début de la Révolution on le trouve avocat au Parlement de Toulouse. A l'exemple de son père il se déclare partisan des principes de 89. Il devient agent municipal de Toulouse, puis peu après administrateur de la Haute-Garonne. En 1792, ce département l'élisait député à la Convention nationale ; il était alors âgé de trente ans. Il prit rang parmi les Montagnards.

On sait que l'Autriche et la Prusse s'étaient déjà, depuis quelques mois, sur les instances des frères du roi et des émigrés, liguées contre la France de la Révolution et que la Législative avait répondu aux insolentes sommations de ces deux puissances par une fière déclaration de guerre.

Mais, au début des hostilités, la fortune des armes n'avait pas été favorable à la France. Le duc de Brunswick, après avoir envahi la frontière de l'Est, sans rencontrer de résistance, n'avait pas eu de peine à s'emparer de Longwy et de Verdun.

C'est à ce dernier fait de guerre que le nom de J.-B. Cavaignac doit d'apparaître pour la première fois dans les débats de la Convention.

Verdun, en fort mauvais état de défense, pourvu d'une faible garnison de 3.500 hommes, n'avait pas pu tenir longtemps, en dépit de l'énergie du commandant Beaurepaire qui avait donné sa parole à la Convention qu'il ne rendrait la place qu'en mourant et qui aima mieux, en effet, se donner la mort que signer la capitulation.

Ce n'est pas ici le lieu de raconter en détail le siège et la prise de Verdun, ni de rechercher les responsabilités encourues dans la reddition de cette place par le conseil de défense, par la municipalité et une partie des habitants. La vérité paraît avoir été définitivement établie sur ces faits par les derniers historiens qui les ont étudiés depuis Cuvillier-Fleury (1), jusqu'à MM. Dommartin (2) et Arthur Chuquet (3). Nous n'avons donc, en ce qui concerne notre étude, qu'à consigner ici le résultat des recherches de ces écrivains :

Ni le district, ni la municipalité, ni le conseil de défense n'agirent en traîtres à la nation, car la ville ne pouvait pas ne pas se rendre quand la défense était devenue impossible et qu'aucun secours n'était à espérer du dehors.

Mais, ce qui est hors de doute, c'est que certains royalistes de Verdun marquèrent une joie indécente à l'entrée de l'ennemi, le 22 septembre, en allant jusqu'à illuminer, le soir, leurs maisons. Pourtant, même parmi les partisans du roi et les amis des émigrés, l'enthousiasme pour les Prussiens fut rare. Sur presque tous les habitants pesait la honte imméritée de l'occupation étrangère, qui avait été rendue inévitable, au début de la guerre tout au moins, par l'incurie de l'administration royale.

Il n'y eut point, comme on l'a dit, de députation officielle des Verdunois auprès du roi de Prusse, mais quelques dames et quelques jeunes filles, les unes insoucieuses, les autres ne se rendant guère compte de la gravité d'une pareille action, eurent la curiosité de visiter le camp prussien et de voir de tout près ces batteries dont les bombes leur avaient, quelques heures à peine auparavant, causé tant d'effroi.

Il n'est pas vrai, non plus, qu'aucune d'elles ait offert aux

(1) *Portraits politiques et littéraires.*
(2) Beaurepaire, *Épisode de la reddition de Verdun en 1792 ; l'histoire, la légende.*
(3) *La première invasion prussienne.*

officiers ennemis un panier de dragées, pas plus qu'il n'est exact qu'un bal ait eu lieu au camp du Regret.

Deux jeunes filles, les demoiselles Watrin et une dame Bonviller poussèrent jusqu'à Bras où elles virent le roi de Prusse qui se borna à leur demander si l'on jouait à ce moment la comédie à Verdun. Certes, la démarche de ces femmes eut quelque chose de révoltant; mais quand on se rappelle que, sur quatorze qu'elles étaient, douze, dont cinq avaient de vingt-deux à vingt-cinq ans, payèrent leur faute de l'échafaud, on se sent pris pour elles d'un sentiment de commisération. La peine de mort n'avait été épargnée qu'aux deux plus jeunes qui étaient âgées de dix-sept ans.

La poésie de Delille et de Victor Hugo, l'histoire non moins poétique de Lamartine ont rendu, on le sait, singulièrement émouvante la fin des *Vierges de Verdun*, laissant déjà, par cette seule désignation des victimes, supposer aux âmes sensibles que le fatal couperet a tranché l'existence de toutes jeunes filles. S'ils n'ont pas eux-mêmes créé cette légende, les poètes ont singulièrement aidé à la perpétuer et, à leur suite, la foule continue d'oublier l'acte même des coupables pour ne plus voir que des martyres dans les condamnées du Tribunal révolutionnaire.

.*.

Dès que Verdun eut été repris par les Français, le 14 octobre, c'est-à-dire vingt-deux jours après sa reddition aux Prussiens, une commission fut nommée sur l'ordre de la Convention, en vue de rechercher les citoyens responsables de la capitulation et de punir en conséquence les coupables, si la loi n'avait pas été observée (1) ou s'il y avait eu trahison. Dès que l'instruction fut achevée, elle fut communiquée au Comité de sûreté générale qui chargea J.-B. Cavaignac de présenter un rapport à la Convention.

J.-B. Cavaignac ne fut pas, en cette circonstance, que

(1) Le 26 août 1792 la Législative avait adopté, sur la proposition de Vergniaud, le décret suivant :

. « L'Assemblée nationale, considérant qu'il est défendu par la loi, sous peine de mort, aux commandants de rendre aucune place à l'ennemi, sans le consentement des corps administratifs qui pourraient s'y trouver, et à ceux-ci de faire eux-mêmes aux commandants la proposition de se rendre ;

. « Considérant qu'il importe que les commandants ne soient point troublés dans leurs moyens de défense, ni le courage des corps administratifs ébranlé par les manœuvres des mauvais citoyens, et que tout homme qui jette

l'organe du Comité, comme il le donna à entendre, par la simple raison que le rapporteur de faits spéciaux, comme l'était celui de la reddition d'une place à l'ennemi, était à peu près seul chargé de compulser les documents sur lesquels il devait se faire une opinion pour rédiger ensuite son rapport. Sans doute il devait le soumettre au Comité et le faire approuver par lui avant de le produire devant l'Assemblée. Mais le Comité, comme l'Assemblée, s'en fiait à sa compétence. Si le rapporteur était capable de partialité, c'était tant mieux s'il se trouvait quelque membre du Comité ou de l'Assemblée, lui-même assez bien informé des faits, pour combattre un jugement erroné, et c'était tant pis s'il ne s'en rencontrait point. Les choses ne se passent pas d'autre façon dans les Parlements actuels, et comment pourrait-il en être autrement ?

Mais ce qui nous prouve encore mieux que J.-B. Cavaignac mit beaucoup du sien dans ce rapport, c'est que la trop grande rigueur des décisions qu'il proposait à ses collègues, en manière de conclusion, fut immédiatement adoucie par le vote de la Convention et qu'il n'en eût certainement pas été ainsi si le Comité de Sûreté générale avait été unanime. On ne peut donc que réprouver l'excessive sévérité dont J.-B. Cavaignac fit preuve à l'égard des membres du district et de la municipalité, qu'il accusa tout uniment, sans la moindre preuve, d'avoir pactisé avec l'ennemi :

Quant aux administrateurs, déclara-t-il, s'ils ne méritent pas le dernier supplice, ils doivent du moins être écartés pour toujours des emplois publics. *Des magistrats du roi de Prusse* ne sont pas faits pour l'être de la République française.

Pourtant, grâce à l'intervention de plusieurs députés, parmi lesquels il faut citer Pons de Verdun et Cabra, la vérité fut en partie rétablie par les preuves qu'ils firent valoir de la non-culpabilité des administrateurs : Non, ces hommes n'avaient point failli à leur devoir, et ce dont on pouvait le moins les accuser

l'alarme et parle de se rendre avant que le commandant en ait reconnu la nécessité, est un traître à la patrie, décrète qu'il y a urgence.

« L'Assemblée nationale, après avoir décrété l'urgence, décrète ce qui suit :

Article premier. — Tout citoyen qui, dans une ville assiégée, parlera de se rendre, sera puni de mort.

Art. II. — Le présent décret sera envoyé sur-le-champ, par le Pouvoir exécutif, à tous les commandants et corps administratifs.

Art. III. — Ils le feront publier, afficher et proclamer solennellement et à son de trompe. »

c'était d'avoir manqué de patriotisme. La Convention, sans se ranger complètement à cette opinion favorable qui pouvait les réhabiliter tout à fait, considéra que les administrateurs restaient encore coupables de n'avoir pas porté le courage jusqu'à l'héroïsme qui accomplit parfois des miracles, et elle décréta qu'ils demeureraient inéligibles à toute fonction publique, mais seulement pendant la durée de la guerre.

C'était un échec pour l'avocat de Toulouse, mais où sa faconde déclamatoire fut entendue au point d'avoir, par la suite, devant le Tribunal révolutionnaire de Paris, les conséquences tragiques que nous avons déjà dites, ce fut quand il prit à partie les femmes et les jeunes filles de Verdun, dont nous venons de blâmer, mais non sans accompagner ce blâme d'une expression de pitié, la légèreté si folle.

Dans l'ardeur de son zèle, J.-B. Cavaignac alla jusqu'à comprendre toutes les femmes de France dans sa patriotique réprobation :

Jusqu'ici, s'écria-t-il, ce sexe, en général, a hautement insulté à la liberté. La prise de Longwy fut célébrée par un bal scandaleux. Les flammes qui embrasaient Lille éclairaient aussi des danses et des jeux.

Ce sont les femmes surtout qui ont provoqué l'émigration des Français ; ce sont elles qui, d'accord avec les prêtres, entretiennent l'esprit de fanatisme dans toute la République et appellent la contre-révolution.

Cependant, citoyens, c'est aux mères que la nature et nos usages ont confié le soin de l'enfance des citoyens, cet âge où leur cœur doit se former pour toutes les vertus civiques. Si vous laissez impuni l'incivisme des mères, elles inspireront à leurs enfants, elles leur prêcheront d'exemple la haine de la liberté et l'amour de l'esclavage.

Il faut donc que la loi cesse de les épargner, et que des exemples de sévérité les avertissent que l'œil du magistrat les surveille, et que le glaive de la loi est levé pour les frapper si elles se rendent coupables.

L'emphase et l'habitude de la déclamation sont la marque habituelle chez les orateurs des assemblées publiques d'un esprit petit et vaniteux et le signe fréquent du manque de sincérité. On en trouve plus d'un exemple chez les conventionnels qui avaient, il faut le dire, pour excuse ou pour circonstance atténuante, qu'ils avaient fait du *Contrat social* ou de tel autre ouvrage de Jean-Jacques Rousseau leur livre de chevet et que, l'esprit encore tout imprégné des généreux sentiments de leur philosophe préféré, ils allaient, en s'appropriant ses idées, jusqu'à imiter son style. C'est que la plupart ne voyaient pas qu'il est des écrivains, tels que Fénelon, Rousseau ou Chateaubriand chez les Français, dont les merveilleuses qualités sont si proches d'un défaut que qui les imite, sans avoir leur génie, fatalement passe la limite et tombe dans ce défaut.

Mais où l'emphase devient plus suspecte, c'est quand elle s'allie à la profession des vertus les plus hautes, les plus pures, les plus désintéressées, ou qu'elle revêt les éclats d'une indignation d'homme impeccable contre les prétendus vices et crimes d'autrui. Et, pour qui a observé d'un peu près les hommes de la Convention, étudié avec quelque soin son histoire, l'emphase du discours comme les haines sans merci contre les ennemis vrais ou supposés de la Révolution, ne se rencontrent jamais plus fréquemment que chez ceux qui poussèrent jusqu'à la plus criminelle folie le régime de la Terreur, devinrent ensuite, au lendemain du 9 thermidor, plus modérés que n'avaient jamais été les Girondins, pour passer, après le 18 brumaire, parmi les courtisans les plus obséquieux de Bonaparte, n'ayant jamais, en somme, dans leurs diverses politiques, servi que leur propre fortune.

* * *

Au procès de Louis XVI, J.-B. Cavaignac fut de ceux qui votèrent impitoyalement la mort sans appel au peuple et sans sursis à l'exécution. Voici en quels termes il motiva son vote :

Un décret de la Convention m'a constitué juge de Louis ; je dois m'y soumettre et agir en cette qualité. Hier, Louis a été déclaré, à l'unanimité, convaincu de conspiration et d'attentat contre la liberté et la sûreté de l'Etat. En votant pour ce décret, je n'ai dû écouter et n'ai écouté réellement que le cri de ma conscience. Dans ce moment où il s'agit de déterminer la peine à infliger à Louis, je ne dois consulter que la loi ; je ne suis que son organe, et ce serait un crime à moi de substituer à sa volonté suprême ma volonté particulière. En conséquence, je déclare qu'en conformité de la loi qui porte la peine de mort pour les crimes dont Louis est déclaré convaincu, Louis doit subir la mort. Le vœu terrible que je viens d'énoncer ne laisse dans mon âme d'autre amertume que celle qu'éprouve toujours l'homme sensible lorsque son devoir lui impose la cruelle obligation de prononcer la mort de son semblable.

Un décret m'assure que demain la Convention s'occupera du sort du reste des Bourbons, je n'ai donc d'autre vœu à former à cet égard que celui de voir bientôt ma patrie débarrassée de tout ce qui peut faire ombrage à sa liberté.

* * *

Les opinions resteront, croyons-nous, longtemps encore partagées en France sur la justice de la condamnation à mort de Louis XVI par la Convention, parce que nous ne cessons, en voulant l'apprécier, de nous placer, les uns et les autres, à deux points de vue tout à fait opposés.

Chacun doit pourtant reconnaître que, s'il est contraire à toute raison que l'on puisse être à la fois juge et partie, une assemblée politique ne saurait, en conscience, se constituer en tribunal dans un procès politique où elle est incapable de la première qualité nécessaire au juge qui est l'impartialité. Cela est encore contraire au principe de la séparation des pouvoirs. Aussi est-ce le vœu de tous les hommes de bonne foi en France que notre Haute Cour de justice ne soit bientôt formée que de véritables magistrats, aussi recommandables par un passé sans reproche que par leur science, tout à fait indépendants des pouvoirs publics et partant en situation de faire accepter et respecter par tous leurs décisions.

La Convention, en condamnant Louis XVI, l'avait jugé au nom de la souveraineté nationale que le roi n'admettait point, très convaincu qu'il était de posséder seul la souveraineté, en vertu d'un *droit divin;* elle le punissait comme un traître pour avoir fait appel contre sa patrie aux armées étrangères, alors que lui n'avait peut-être, dans sa pensée, accompli aucun acte coupable en sollicitant l'appui des rois ses « frères » pour mettre à la raison ses sujets révoltés.

Quoiqu'il en soit, cette condamnation à mort du roi de France fut une énorme faute politique, car elle faillit avoir pour conséquence irréparable, avec l'écrasement de la Révolution, le démembrement de la France.

A quoi, écrit Edgar Quinet, a servi le supplice de Louis XVI ? Les premiers résultats furent la guerre avec l'Angleterre, l'Espagne, la Hollande, c'est-à-dire avec l'Europe entière ; la Vendée soulevée et irréconciliable ; la France en péril de mort, la nécessité d'une énergie surhumaine, la Terreur suivie de l'épuisement de la Révolution, le royalisme renaissant et, déjà, chez quelques-uns, le despotisme acclamé au fond du cœur. Le roi mort en France renaissait à Coblentz, dans le camp des émigrés. A Louis XVI succédait Louis XVII. Quand l'orphelin du Temple, livré au cordonnier Simon, eut enfin trouvé le sommeil, la royauté ne fut pas atteinte ; elle se réveilla avec Louis XVIII.

Qu'est-ce donc que les révolutionnaires gagnèrent à cette mort ? Ils se donnèrent la joie de punir leurs anciens maîtres, dans la personne d'un seul ; comme presque toujours, le châtiment tomba sur le plus débonnaire. Ils étonnèrent par leur inflexibilité ; ils devaient étonner plus encore par leur prompt retour sous un joug semblable à celui qu'ils venaient de briser. Bientôt, de ce supplice, il ne devait rester, chez une nation mobile, qu'une immense pitié pour la victime et un reniement presque universel des justiciers. (1)

J.-B. Cavaignac partage avec la très grande majorité de ses

(1) EDGAR QUINET, *La Révolution*, liv. XII, ch. 2.

collègues cette faute politique, et l'on ne peut donc lui en faire un grief personnel. Mais il nous faut bien relever ce qu'il y eut d'outré dans le discours solennellement austère que nous avons reproduit, par lequel il justifia son vote. On n'y sent pas cette conviction forte qui s'affirme en paroles brèves, précises et fermes, non plus que le seul souci de l'intérêt public. Il y perce une tout autre préoccupation qui est chez notre homme de soigner sa réputation.

CHAPITRE III

Pourquoi il importe de retracer à grands traits, en cet ouvrage, l'histoire de
la Convention. — La dictature d'une Assemblée de représentants. — Ses
grands Comités. — Le Comité de Salut public. — Les représentants en
mission. — Le Tribunal révolutionnaire. — Les Comités révolutionnaires.

Salus populi suprema lex esto.

On peut affirmer, sans désobliger personne, que rien n'est
moins connu de la généralité de nos concitoyens que cette
période de notre histoire intérieure qui va du 20 septembre 1792
au 26 octobre 1795, c'est-à-dire l'époque de la Convention nationale. Dans la mémoire de presque tous des noms émergent,
rappelant d'éloquents discours, des mesures politiques d'une
énergie sans exemple, des luttes au sein de l'Assemblée d'une
violence inouïe. Et puis, c'est l'échafaud sinistre, que l'imagination revoit dressé à Paris et dans toutes les villes de France,
fauchant sans discontinuer des existences d'innocents autant
et plus que de coupables. Enfin, une réflexion, que l'on se
transmet de génération en génération, et qui n'est pas éloignée
de la vérité, vient, chez la plupart, clore tout jugement sur
cette époque si troublée de nos annales : « Sans doute la justice
a été souvent outragée, des crimes sans nombre et sans nom
ont été commis, mais qu'importe si le but que poursuivaient
les « géants » de la Convention a été atteint, si les ennemis de
la Révolution ont été abattus, si, enfin, au régime du despotisme
a succédé le régime de la liberté ! » Et l'on est assez disposé à
étendre cette large façon d'absoudre de ses erreurs et de ses
fautes une assemblée politique à chacun de ses membres. Il ne
faudrait pourtant pas oublier qu'on ne peut à la fois se déclarer
partisan de la démocratie, du « régime de la vertu », suivant
l'expression de Montesquieu, et accepter la honteuse théorie
des deux morales, l'une à l'usage des chefs d'Etats et des politiciens en général et singulièrement élastique, l'autre stricte et
obligatoire pour le vulgaire.

Aussi bien, à la lumière des faits, l'esprit apprécie avec plus de sûreté, revient sur des jugements erronés. Pour juger, il faut savoir. On comprendra donc la nécessité absolue où nous sommes, pour l'édification du lecteur, que le personnage de J.-B. Cavaignac intéresse, de le replacer dans le milieu où il a agi, de retracer à grands traits les événements politiques dans lesquels il a joué un rôle.

* * *

La mort de Louis XVI, avons-nous déjà dit, fut le signal d'une coalition de presque toute l'Europe contre la France, en même temps que d'une explosion de guerre civile dans les départements presque entièrement royalistes de la Vendée et de la Bretagne.

Comment la Convention allait-elle faire face à tous ces dangers réunis ? Elle était profondément divisée et, loin de s'apaiser, la lutte entre les Girondins et les Montagnards devenait plus âpre que jamais.

Mais, dès qu'il s'agit d'organiser la défense nationale, de repousser l'invasion, de réprimer les soulèvements des départements royalistes, d'agir contre les traîtres et surtout de prévenir les trahisons, les uns et les autres comprirent que le salut n'était possible que dans la décision et la promptitude avec lesquelles on saurait prendre les plus énergiques mesures et devant cet impérieux devoir l'accord se fit vite dans l'Assemblée.

Par la force même des choses, la Convention marchait à grands pas à la dictature et, bien qu'il y eût chez ses membres à peu près unanimité sur la nécessité de maintenir nettement séparés les pouvoirs législatif, exécutif et judiciaire, elle arriva bien vite à concentrer au moins les deux premiers entre ses mains.

* * *

Dès le 10 août 1792, après que le chef du pouvoir exécutif, c'est-à-dire le roi, eut été suspendu de ses fonctions par le vote de la Législative, cette Assemblée avait confié le gouvernement à un conseil des ministres dit *Conseil exécutif provisoire*, dont les membres furent pris en dehors de l'Assemblée. Mais, au 1er janvier 1793, la Convention, entraînée par les circonstances de plus en plus graves, pensant aussi qu'elle aiguillonnerait de cette façon l'activité du Gouvernement, avait placé les ministres

sous la surveillance d'un *Comité de sûreté générale*, composé
de 24 membres, qui, presque tous, appartenaient à la Gironde (1).
Nous avons déjà vu que J.-B. Cavaignac en avait fait partie.
Le 3 avril, ce Comité, reconnaissant lui-même son impuissance,
due évidemment à ce qu'il était trop nombreux, proposa à la
Convention qu'elle le remplaçât par une Commission exécutive,
limitée à 9 membres. C'est alors que fut créé le *Comité de
Salut public* (6 avril 1793), formé d'un nombre égal de membres
de la Convention. Le Comité était chaque mois soumis tout
entier à la réélection. Du 6 avril au 10 juillet 1793, les
9 premiers membres élus, Barère, Delmas, Bréard, Cambon,
Danton, Guyton-Morveau, Treilhard, Delacroix, Lindet, furent
réélus chaque fois. Toutefois, dans l'intervalle, l'Assemblée
adjoignit à ce premier Comité, pour l'aider dans la préparation
de la Constitution de 93, une première fois (30 mai), 5 nouveaux membres qui furent : Hérault de Séchelles, Ramel,
Couthon, Saint-Just, une seconde fois (12 juin), 2 autres
membres, Gasparin et Jean-Bon Saint-André.

Mais, au 10 juillet, la Convention ramena le *Comité de Salut
public* au chiffre primitif de 9 membres. Ce furent : Jean-
Bon Saint-André, Barère, Gasparin, Couthon, Hérault de
Séchelles, Thuriot, Prieur (de la Marne), Saint-Just et Lindet.
La démission de Gasparin, le 27 juillet, amena l'élection de
Robespierre. Jusqu'au 9 thermidor (27 juillet 1794), les mem-
bres du second Comité de Salut public furent, comme cela
avait eu lieu pour le premier, constamment réélus tous les mois
par l'Assemblée. Dans l'intervalle encore, le Comité se vit
adjoindre de nouveaux membres à deux reprises : Carnot et
Prieur (de la Côte-d'Or) le 14 août et, le 6 septembre, Billaud-
Varenne, Collot d'Herbois, Danton et Granet.

On sait que si l'influence de Danton fut prépondérante dans
le premier Comité de Salut public, ce fut la volonté de Robespierre, secondé par Couthon et Saint-Just, qui inspira et dirigea
les actes du second. Quant aux membres du Conseil exécutif,
c'est-à-dire aux ministres, ils ne furent jamais que les premiers
commis du Comité de Salut public.

* * *

Aux provocations des puissances étrangères, la Convention
avait répondu en déclarant elle-même la guerre, le 1er février,

(1) Le Comité fut renouvelé le 25 mars, mais, cette fois encore, la Gironde
eut contre la Montagne une importante majorité.

à l'Angleterre et à la Hollande, le 7 mars à l'Espagne, à la Sardaigne, au royaume de Naples, à la Toscane. Entre temps, elle avait décrété, le 24 février, une levée extraordinaire de 300,000 hommes. Enfin, le 9 mars, en vue d'activer cette levée, elle avait décidé l'envoi en mission dans les départements de 82 de ses membres (1).

. Les attributions des *représentants du peuple en mission* furent réglées par le décret du 30 avril, dont nous donnons, ci-après résumés, les principaux articles, car rien n'explique mieux que ce décret le rôle qu'eurent à jouer dans la Révolution, la puissance dont disposèrent ceux qu'on a parfois appelés, tantôt par ironie, tantôt avec admiration, les *Missionnaires de 93*.

Onze armées étaient créées dont les états-majors furent immédiatement organisés par le Conseil exécutif.

Les représentants en mission auprès des armées, en nombre variable suivant l'importance de ces forces, étaient tenus de se concerter entre eux, ainsi qu'avec les généraux et les amiraux, en vue de l'exécution des opérations militaires.

C'était à eux qu'était réservée, tant à l'intérieur qu'aux armées, la nomination à tous les emplois vacants dans les fonctions sur lesquelles s'exerçait leur surveillance.

Les agents du Conseil exécutif leur étaient subordonnés.

Ainsi, tous les agents civils et militaires, généraux et amiraux eux-mêmes, relevaient des représentants en mission. Ils avaient le droit de les suspendre, voire d'ordonner l'arrestation des généraux, de traduire devant le Tribunal révolutionnaire tout militaire, agent civil et tous autres citoyens qui auraient aidé, favorisé ou conseillé un complot contre la liberté et la sûreté de la République, ou qui auraient machiné la désorganisation des armées et des flottes et dilapidé les fonds publics.

Les pouvoirs des représentants en mission étaient déclarés *illimités* « pour l'exercice des fonctions qui leur étaient déléguées ».

(1) V. Aulard, *Recueil des Actes du Comité de Salut public*, t. II, p. 298 et t. III, p. 533.

Ce ne fut pas là, à vrai dire, une institution toute nouvelle. Au 10 août 1792, des commissaires, choisis parmi ses membres, avaient été délégués par la Législative auprès des armées pour leur faire connaître la suspension du chef du pouvoir exécutif et exiger des troupes le serment de fidélité à la loi; au mois de septembre suivant, la Convention nomma aussi des commissaires chargés de veiller à la sécurité des frontières. Mais il faut arriver au 9 mars et au 30 avril 1793 pour voir les missions des représentants s'organiser en une véritable institution.

Toutefois, ce pouvoir dictatorial était soumis au contrôle de la Convention, contrôle à peu près illusoire, comme on le verra bientôt.

Les représentants en mission devaient rendre compte, une fois au moins par semaine, à la Convention, et tous les jours, au Comité de Salut public, de leurs opérations.

De son côté, le Comité de Salut public était tenu de fournir des instructions aux représentants du peuple auprès des armées, afin de mettre de l'unité dans leurs opérations.

Par ce même décret (art. 25), J.-B. Cavaignac était envoyé en mission auprès de l'armée du Nord, avec ses collègues Gasparin, Duhem, Carnot, Lesage-Sénault, Courtois, Cochon, Lequinio, Salengros, Bellegarde, Duquesnoy.

* * *

Le 10 mars 1793, le lendemain même du jour où elle avait décrété l'envoi de 82 de ses membres dans les départements, en vue d'y activer d'abord la levée de 300.000 hommes et d'y organiser ensuite le gouvernement révolutionnaire (1), la Convention décidait « qu'il serait établi à Paris un Tribunal criminel extraordinaire *qui connaîtrait de toute entreprise contre-révolutionnaire, de tous attentats contre la liberté, l'égalité, l'unité, l'indivisibilité de la République, la sûreté intérieure et extérieure de l'Etat, et de tous les complots tendant à rétablir la royauté, ou à établir toute autre autorité attentatoire à la liberté, à l'égalité et à la souveraineté du peuple.* »

De ces deux institutions, la mission des représentants d'une part, le Tribunal révolutionnaire de l'autre, la première,

(1) « On appelait révolutionnaire cet état de choses provisoire, parce qu'il était contraire à l'article 16 de la Déclaration des Droits de 1789, qui portait qu'une société dans laquelle la séparation des pouvoirs n'est pas déterminée, n'a pas de Constitution. Le gouvernement était révolutionnaire, c'est-à-dire anormal, contraire aux principes, en ce que le pouvoir législatif se confondait avec le pouvoir exécutif. Et à quelle date commença cette confusion ? Le 10 août 1792, quand l'Assemblée législative prit en main le gouvernement en nommant les ministres. La Convention continua et aggrava cette confusion en cumulant par le fait les pouvoirs législatif, exécutif et judiciaire, soit ouvertement, soit par des empiétements indirects. Et on ne revint au principe de la séparation des pouvoirs que quand la Constitution de l'an III fut mise en vigueur, c'est-à-dire en brumaire an IV. Le gouvernement de la France fut donc révolutionnaire depuis la suspension de Louis XVI (10 août 1792), jusqu'à la séparation de la Convention (4 brumaire an IV, 26 octobre 1795), c'est-à-dire pendant une période de plus de trois ans. » A. AULARD, *Hist. pol. de la Révol. fr.*, p. 315.

voulue par la Convention tout entière, répondait sans conteste aux exigences de la situation ; mais la seconde, en complète opposition avec les principes de 89 et, pour cette raison même, combattue avec force par la Gironde, proposée et votée par les Montagnards et une partie de la Plaine, devint l'instrument même de la Terreur ; aussi son seul nom ne rappelle-t-il à tous les partis en France qu'un cauchemar hideux dont l'on voudrait pouvoir effacer à jamais le souvenir ?

Certes, lorsque Jean-Bon Saint-André proposa cette création à ses collègues, que Danton, avec les arguments les plus propres à enlever le vote d'une assemblée résolue aux extrêmes mesures pour sauver la patrie, en fit valoir éloquemment l'urgente nécessité, ni l'un ni l'autre, non plus que beaucoup d'autres de leurs collègues, qui se rangèrent à leur opinion, ne pouvaient prévoir à quels excès inouïs se livrerait ce tribunal d'exception. Ses crimes juridiques, si nombreux, dont rien ne saurait le laver dans l'histoire, ne sont-ils pas dus à cette principale raison que ses membres redoutaient pour eux-mêmes, s'ils procédaient avec équité, la fatale accusation de *modérantisme* et n'envoyèrent tant d'innocents au dernier supplice que pour échapper eux-mêmes à la suspicion universelle et partant à la mort. Jusqu'au 22 prairial, soit en treize mois, 1.220 personnes, hommes et femmes, parmi lesquelles des adolescents, montèrent à l'échafaud ; du 22 prairial au 9 thermidor, soit en 49 jours seulement, on compta 1.376 autres victimes. Il n'y a que la folie du meurtre qui puisse expliquer le carnage de cette seconde et si courte période : « Ce fut une boucherie de coupables et d'innocents, écrit M. Aulard, boucherie digne de l'ancien régime, digne de l'Inquisition et à laquelle le succès de la Défense nationale, alors assuré, ôte toute excuse aux yeux de l'historien. »

La majorité de la Convention se promettait les plus efficaces résultats de l'institution de ce tribunal destiné à répandre la terreur parmi les traîtres, les ennemis de la Révolution à l'intérieur, les ex-nobles, les prêtres réfractaires ou les partisans des uns et des autres, car on sait qu'il ne devait guère prononcer qu'une peine, la mort. Aussi l'Assemblée ne laissa-t-elle point partir les représentants en mission qu'ils ne se fussent munis d'un exemplaire du décret sur le tribunal révolutionnaire.

Il devait bientôt arriver que, à l'exemple de l'Assemblée souveraine, plusieurs des représentants en mission, égarés par l'idée des pouvoirs illimités qu'elle leur avait conférés et